1

ADITION
AU MEMOIRE SUR LE DUEL.
Par M. L'Abbé de saint-Pierre.

IL y a deux ans, que je publiai un Memoire sur les moyens d'extirper la malheureuse coûtume des Duels, on m'a dit qu'il avoit été imprimé en Anglois & en Italien : Le feu Roi entre les mains de qui il étoit parvenu huit ou dix jours avant qu'il tombât malade, y avoit aparemment remarqué des réflexions solides & importantes, puisqu'après sa mort le Regent en trouva un Exemplaire dans une cassette où étoient ses montres, quelques bijoux & plusieurs papiers de consequence ; je sens le ridicule, que l'on peut me doner sur ce que je raporte un fait, qui est si honorable pour mon Ouvrage, mais pourvû que le Lecteur en ait plus d'atention à le lire & moins de légéreté à le condaner, je consens à demeurer chargé du ridicule ; un bon Citoyen fait sans peine de pareils sacrifices à l'utilité publique ; ce qui est de constant, c'est que rien n'est plus à la loüange de ce grand Prince, qui avoit eu pendant tout son regne une si grande atention à tout ce qui pouvoit diminuer & aneantir les Duels, de vouloir bien écouter sur ce sujet les pensées d'un simple particulier, pour en faire profiter le public.

Zarignon.

A

Je montre dans ce Memoire que cette coûtume eſt un reſte des mœurs des Gots Crétiens, qui aimoient à chercher la verité & la juſtice par le ſort des combats entre gens de guerre, comme ils la cherchoient par d'autres eſpeces de ſorts entre des perſones d'une autre profeſſion : je montre que ni les Grecs ni les Romains, Nations auſſi braves que nous, & qui avoient les mêmes querelles & les mêmes ocaſions de ſe quereller, ne conoiſſoient point le Duel ; ils avoient des Juges militaires comme des Juges civils , & il n'étoit pas plus honteux parmi eux de porter ſes plaintes au tribunal militaire qu'au tribunal civil , ils n'étoient pas comme nous dans l'opinion, *que l'ofenſé qui ne fait point d'apel, & que l'ofenſeur, qui le refuſe , meritent d'être déclarez poltrons*, & je conclus que cette opinion n'ayant pas été conuë parmi des Nations braves, & qui ſe conoiſſoient du moins auſſi-bien que nous en bravoure, en poltronerie, en poinct d'honeur & en poinct de deshoneur, n'eſt point fondée dans la nature de la bravoure & de l'honeur , & que par conſequent l'on peut venir à bout de la détruire totalement.

Je fais remarquer dans ce Memoire, que quelques exemples de punitions capitales ont rendu les Duels plus cachez, mais que l'opinion ſur la poltronerie ſubſiſtant toûjours en credit, ils ſont encore très-frequens, qu'il s'en fait tous les jours quelqu'un, ſoit à Paris , ſoit dans les Provinces, ſoit dans les Villes frontieres, quoique la conoiſſance n'en viene pas juſqu'aux Oficiers Generaux ni juſqu'à la Cour, que nous perdons tous les ans un grand nombre de braves Oficiers, & que les ennemis profitent ſouvent de ceux, qui s'exilent eux-mêmes de leur patrie à nôtre grand préjudice.

J'y fais fentir que tant que l'opinion fur ce qui merite d'être regardé comme une poltronerie fubfiltera telle qu'elle eft établie dans le vulgaire, il paroiffoit une forte d'injuftice & même une forte d'inhumanité à punir par des punitions capitales des Oficiers, qui après tout ne font coupables que pour n'avoir pû foufrir d'être deshonorez parmi leurs camarades du côté de la bravoure, qualité & reputation effentielles à tout Oficier.

Chacun fait que cette fauffe opinion eft tellement établie parmi la Nobleffe militaire, que dans un Regiment celui, qui ayant été infulté ne fait pas un apel, & que celui, qui ayant reçû un apel ne fe bat pas, eft chaffé honteufement du Regiment; or n'y a-t-il pas une forte d'inhumanité de condaner à mort, de confifquer les biens d'un homme pour avoir voulu en fe batant éviter la honte & l'infamie d'être chaffé de fon Regiment *comme un poltron?* Que celui, qui fait la loi fe mette pour un moment à la place de celui, contre qui il la fait, & il ne fera point de loix inhumaines, l'équité, fource des bonnes loix, ne dicte rien d'inhumain.

J'ai fait entendre d'un côté que l'impoffibilité de ne pas contrevenir à la loi, & de l'autre que la grandeur de la punition intereffent tous les honêtes gens à cacher & à ôter les preuves d'un Duel, & que les Juges mêmes par humanité ne demandoient pas mieux que de n'en point trouver, auffi arrive t-il que les Juges condanant eux-mêmes interieurement la rigueur de la loi fur une contravention qui a fon excufe, ne puniffent point du tout de peur d'être forcez à punir trop rigoureufement ; or une loi, que l'on craint de faire obferver, ne devient-elle pas prefque inutile?

Une loi, qui condaneroit à mort quiconque tüeroit une biche, un cigne, une perdrix, pafferoit pour une loi trop rigoureufe ; cependant comme chacun peut facilement s'empêcher de tüer ces animaux, elle ne feroit pas fi rigoureufe qu'une loi, qui défend fur peine de la vie de faire une chofe, que tout homme, qui ne veut pas être deshonoré, ne peut s'empêcher de faire. Un criminel, qui a une excufe legitime, doit-il être puni comme criminel?

Si la loi portoit ces termes, *il eft défendu à tout Oficier infulté de fe batre en Duel fous peine de mort, & il eft ordonné au même Oficier de fe batre en Duel fous peine d'être deshonoré dans le monde & d'être chaffé de fon Regiment comme poltron*, elle ne pouroit pas être regardée comme une loi, puifqu'elle fe contrediroit elle-même ; mais qu'importe que ce foit une même loi, qui foit opofée à elle-même, ou que c'en foient deux opofées entre elles, il fera toûjours certain qu'avant que l'Oficier foit puniffable de mort, il faut faire ceffer la loi, qui le condane à être deshonoré ; loi, qui pour n'être pas écrite n'en eft pas moins rigoureufement executée ; or y a-t-il un homme tant foit peu équitable, qui ne voye que felon la verité du fait, la chofe eft dans le fonds telle que fi la même loi portoit fa cruauté & fon extravagance dans fes propres termes?

C'eft pour cela qu'en faveur de tant de braves &

malheureux Oficiers je demande, pour ainsi dire,
justice contre l'opofition de ces deux loix si rigoureu-
fes, c'est pour cela que je demande, que l'on com-
mence par travailler à déraciner des esprits l'opinion
que le vulgaire a pris folement, que c'est une poltronerie à un Oficier de demander justice au Juge militaire sur un point de difcipline militaire, & que ce
n'est pas une poltronerie à ce même Oficier de demander justice au Juge civil contre son camarade
pour une afaire de police ou de difcipline civile.

Entre les remedes, que j'ai propofez pour un mal
si dificile à déraciner, il se peut bien faire que plufieurs ne soient pas goûtez de tout le monde, je re-
trancherois, j'ajoûterois plufieurs chofes à ce que
j'ai écrit, si j'avois à faire une nouvelle édition du
Memoire; mais on ne peut pas nier, qu'il n'y en ait
plufieurs, qui ont été aprouvées par les plus braves &
par les plus fenfez d'entre les Oficiers Generaux, par
exemple, le premier moyen, qui est la preftation du
ferment d'honeur, je ne doute pas que l'on ne puiffe
en trouver de nouveaux & rectifier plufieurs de ceux,
que j'ai déja propofez; mais ce qui est de fûr, c'est que
la maladie ne se guerira jamais d'elle-même fans autre remede que ceux, que l'on a déja éprouvez.

Quand le feu Roi entreprit de détruire le Duel
il y avoit deux fources de cette coûtume infenfée,
une de ces fources étoit la vanité & le defir d'aquerir
la reputation de brave, on faifoit un apel de gayeté
de cœur fans avoir été ofenfé; chacun se piquoit d'ê-
tre pris pour fecond afin de pouvoir se vanter de s'ê-
tre batu; or le Roi par fa fermeté à caffer les Ofi-

ciers, qui s'étoient batus, à faire confifquer leurs biens, à ne pardoner à perfone, après dix ans, après vingt ans eft venu à bout d'arêter & de faire tarir cette malheureufe fource.

Mais l'autre fource vient de ce que l'ofenfé voit qu'attendu l'opinion du vulgaire, il ne peut pas s'empêcher de pafler pour poltron, s'il ne fait pas un apel ; or il n'y a prefque point d'Oficiers quelques Crétiens qu'ils foient, quelque reputation de bravoure qu'ils ayent aquife par leurs actions, qui puiffent fe refoudre à pafler pour poltrons, & qui pour éviter une auffi grande bréche dans leur reputation, ne rifquent leurs biens, leurs efperances, leur vie & leur falut même ; or comme le feu Roi n'avoit pas encore travaillé à détruire cette fauffe opinion, il ne faut pas être étoné fi le mal dure encore, & fi les Duels font encore fi frequens.

Il me femble que jufqu'ici on n'a pas dans cette afaire aflez rendu de juftice à la force, que l'opinion a & doit avoir fur la conduite des homes, mais j'efpere que par la grande fageffe & par la grande aplication du Regent nous trouverons les moyens de faire ceffer le mal en détruifant l'opinion, qui en eft la fource, & j'ofe dire en faveur des coupables, qu'ils font d'autant plus dignes d'indulgence, que la fauffe opinion fur le deshoneur & fur la poltronerie a plus de force, & qu'ils ne feront dignes des plus grandes punitions, que lorfque la fauffe opinion fur la poltronerie fera aneantie ; or qui peut mieux favoir le dégré de force de cette opinion que la Nobleffe elle-même, que les Oficiers eux-mêmes ? & par confequent qui peut mieux qu'eux trouver les moyens convenables de détruire cette opinion? qui peut plus justement qu'eux décerner dans un Conseil formé exprès les peines que merite chaque faute, chaque crime de cette espece?

La Noblesse militaire dans le tribunal des Maréchaux de France & de leurs Lieutenans, a seule la connoissance de tout ce qui regarde l'opinion & les querelles sur le point d'honeur entre Oficiers entre Gentilshomes; la Noblesse militaire est seule chargée de demander au Roi des Reglemens propres pour diminuer ces querelles, elle est seule chargée de juger les satisfactions de Gentilhome à Gentilhome, d'Oficier à Oficier pour prévenir les Duels; pourquoi n'auroit-elle pas seule la connoissance de ce qui regarde les querelles, que cause l'opinion sur la poltronerie, qui est un poinct de deshoneur, & qui est la source des Duels entre Oficiers? Pourquoi le Roi ne chargeroit-il pas cette même Noblesse militaire seule, d'aviser aux moyens d'extirper la fausse opinion sur la poltronerie? Pourquoi ne seroit-elle pas seule chargée de juger tout ce qui regarde les Duels mêmes?

PROPOSITION.

Je propose donc presentement, que le Roi en se servant du tribunal des Maréchaux de France, & y ajoûtant plusieurs Oficiers distinguez, tant par la valeur que par la pénétration & la justesse de leur esprit, Lieutenans Generaux, Maréchaux de Camp, Chefs d'Escadre, Brigadiers, Colonels & Capitaines des

vaiſſeaux, ſe détermine à en former *le Conſeil d'ho-*
neur, & que ceux, qui le compoſeront, ſoient char-
gez de propoſer, d'examiner & de mettre en œuvre
les moyens les plus propres pour détruire peu à peu
la fauſſe opinion ſur le deshoneur & ſur la poltronerie, qui nous cauſe tant de maux ; on peut même former ce Conſeil non du corps entier des Maréchaux
de France, mais en prendre ſeulement deux d'entre
eux pour preſider aux autres Conſeillers du Conſeil.

Je demande que le *Conſeil d'honeur* ſoit nom-
breux, parce que comme il s'agit ici de détruire une
opinion parmi des homes, qui ſe piquent de bravoure,
il eſt à propos que la ſaine opinion ait un très-grand
nombre de Partiſans diſtinguez parmi leurs pareils,
tant pour la valeur que pour l'eſprit, & qui puiſ-
ſent rendre compte au public des raiſons des reſul-
tats du Conſeil, je demanderois même que ce Conſeil d'honeur ſubſiſtât toûjours, juſqu'à ce que tout
Duel fût regardé comme deshonorant, même par les
Oficiers les plus jeunes, les plus turbulens & les moins
ſenſez, il faut que chaque Oficier ſoit accoûtumé à
penſer ſur cela comme un veritable Romain, qui
croyoit de ſon honeur d'être auſſi ſoumis aux loix militaires qu'aux loix civiles.

On peut ajoûter aux Maréchaux de France quatre
ou cinq Lieutenans Generaux, autant de Maréchaux
de Camp, de Brigadiers, & de Colonels, un Chef
d'Eſcadre, deux Capitaines des vaiſſeaux ; & afin
qu'un plus grand nombre pût être inſtruit des maximes du *Conſeil d'honeur*, on peut ſtatuer, que paſſé
les premieres anées de l'établiſſement aucun des

membres,

membres, excepté les Maréchaux de France , n'y
poura être plus de deux ans de fuite, & pour avoir
toûjours le même nombre de Confeillers du Confeil
d'honeur, le Préfident auroit foin de fupléer aux ab-
fens par ceux, qui auroient été déja du Confeil &
qui feroient prefens : Je propofe encore que les Oficiers, qui font fortis du fervice, puffent être élus,
car il y en a de très-eftimez dans le monde, & il
faut toûjours regarder cette afaire-ci comme une
afaire d'opinion, & où l'on a encore plus befoin de
la forte d'autorité, que donc l'eftime pour foumet-
tre les ignorans, que des meilleures raïfons, qu'ils
ne font pas toûjours capables de goûter, ou dont ils
ne fentent pas toûjours la force ; & que l'on ne me
dife point que les opinions des ignorans ne valent
pas la peine, que l'on s'aplique ferieufement à les détruire, car pour peu que l'on ait reflechi & que l'on
conoiffe l'ufage du monde & la maniere, dont fe
conduifent les homes , on fera perfuadé que ce font
les opinions des fots, des ignorans, des vifionaires,
quand ils font en très-grand nombre, qui font agir
les fages, qui font toûjours en très-petit nombre.

Si je propofe que ce Confeil d'honeur foit déclaré
juge de tous les combats entre Officiers & Gentilshomes, qui pouront paffer pour Duels, voici mes
raifons.

1_0. Il convient mieux à ceux, qui ont été conful-
tez fur les moyens de détruire entierement & radi-
calement la malheureufe & fole coûtume des Duels,
d'executer & de faire executer ce qu'ils ont trouvé de
convenable pour en former des Reglemens, qu'il ne

B

convient à des Juges de robe, d'ailleurs habiles, mais qui ne sauroient pas si-bien tous les motifs de ces Reglemens, qui concernent l'anéantissement d'une opinion, ce qui est une afaire d'une espece toute diferente de celles, qui se presentent aux Parlemens.

2°. Ce Conseil ayant à juger tous les jours ces sortes d'afaires, & entretenant un comerce intime avec tous les Oficiers, sera plus à portée de voir clairement, ce qu'il faut ajoûter, retrancher, ou modifier aux Reglemens, soit du côté de l'indulgence, soit du côté de la sévérité, soit du côté des moyens de conoître la verité & de remedier au mal, que ne feroient des Juges, qui ne voyent pas de si près les malades, & qui ne connoissent pas si-bien la maladie.

3°. Il s'agit de détruire une opinion, qui est établie depuis plusieurs siecles parmi des gens de leur profession, ainsi ils doivent mieux savoir que d'autres à quel poinct elle y domine, & tout ce qui contribuë le plus à l'y fortifier.

4°. Que peut-on imaginer de plus sage que de piquer d'honneur le corps entier de la Noblesse militaire, pour l'obliger à trouver des punitions convenables & des remedes proportionez à une maladie, qui n'ataque que la Noblesse? Que peut-on faire de plus honorable & de plus interessant pour un Corps si illustre, que de s'en raporter à lui seul des moyens propres pour anéantir peu à peu un préjugé extravagant, qui est l'unique source de cette étrange maladie.

5°. Ce sera une nouvelle maniere d'interesser de plus en plus les principaux Oficiers à trouver les moyens les plus propres pour extirper d'entre eux une coûtume aussi barbare & une opinion aussi insensée.

60. Il ne faut pas croire que les Parlemens ayent la moindre peine à ne plus prendre conoissance des Duels, au contraire ils en seront fort aises, & efectivement n'est-ce p... faire un très-grand plaisir à un Juge, qui a tant soit peu d'humanité, de le dispenser de rendre un jugement, quand d'un côté le coupable est fort à plaindre, & quand de l'autre la loi lui paroît trop rigoureuse? Et n'est-il pas vrai, que les Parlemens voudroient n'avoir jamais à condaner à la mort, que des coupables très-odieux & indignes de toute pitié? Aussi tout le monde sait qu'en matiere de Duel, sur tout entre persones de consideration, ceux, qui font les informations, ferment les yeux autant qu'ils peuvent aux preuves, qui se presentent, loin de chercher serieusement celles, qui ne se presentent point? Un Juge, qui évite les preuves d'un Duel, fait-il une procedure serieuse? Or ne convient-il pas à des compagnies aussi respectables & aussi serieuses d'être dispensées de pareilles procedures, qui ne font que décrediter leur autorité, en décreditant leur sévérité?

Une preuve sensible de la grande repugnance des Parlemens à faire mourir des Oficiers aussi estimables & aussi excusables, c'est qu'à ne conter que 300. Duels par an, & à ne point conter les seconds, c'est 600. Duelistes, c'est trente mille criminels en 50. ans; cependant peut-on m'en citer dix de trente mille, qui ayent perdu la vie sur l'échafaut dans toute l'étenduë du Royaume

B ij

depuis 1667 ? Peut-on m'en citer feulement cinq ?

Je ne propofe pas d'apointemens pour les mem-
de ce Confeil, l'Etat n'eft déja que trop chargé, &
d'ailleurs l'honeur qu'ils recevront d'être choifis
entre leurs pareils comme des homes diftinguez par
leur valeur & par leurs lumieres pour être les Juges
de la Nobleffe, ne doit-il pas être regardé comme
une recompenfe fufifante de deux ans d'un pareil
fervice.

Au refte il n'eft pas à propos que l'Edit, qui forme-
ra le Confeil d'honeur, touche aux Edits précedens
fur le Duel, ce Confeil fera feulement autorifé à commuer les peines felon les cas particuliers, car après
tout la févérité de ces Edits, quelque mal obfervez
qu'ils foient, ne laiffe pas de contenir encore beaucoup de gens par la grandeur des peines, dont les
Dueliftes font menacez, il eft à propos de tirer tout
le fecours que l'on peut tirer du vieux bâtiment, tan-
dis que l'on travaille à élever le nouveau.

AUTRE PROPOSITION.

Outre l'établiffement du Confeil d'honeur, je propofe que le Roi promette deux penfions par an fur
des benefices pour ceux d'entre les Oficiers & Gentilshomes, qui au jugement du Confei! d'honeur,
doneront les deux meilleurs Memoires pour parve-
nir à extirper totalement cette fauffe opinion, il eft
à propos que la penfion foit proportionèe au grade
de l'Auteur couroné ; je voudrois que le premier Jan-
vier on donât un prix pour les Memoires, qui auront

été remis au Secretaire du Conseil d'honeur dans le dernier jour de Septembre, & un autre prix au premier Juillet, pour les Memoires, qui auroient été reçûs dans le dernier jour de Mars; je croi qu'il seroit aussi à propos de faire imprimer les Memoires couronez.

Il resulteroit de ces recompenses promises deux bons effets, le premier, c'est que quantité de Gentilshomes & d'Oficiers, gens d'esprit & de valeur, depuis le Lieutenant d'une Compagnie, jusqu'au Lieutenant General travailleront à l'envi à trouver des expediens pour détruire cette bizare opinion, & se persuaderont par consequent de plus en plus qu'elle est extravagante & oposée à la vraye bravoure, qui consiste à hazarder sa vie, non pour tuer un Citoyen, mais pour tuer un enemi, qui ataque la patrie, ils se persuaderoient de plus en plus que la poltronerie ne consiste pas à n'oser fouler aux pieds les loix militaires qui défendent d'ataquer un Citoyen, mais seulement à n'oser ataquer l'enemi de tous les Citoyens, l'enemi du Roi & de l'Etat.

Or plus il y auroit d'Oficiers de considération, qui travailleroient à cette matiere, plus il y en auroit, qui se persuaderoient plus fortement de plus en plus de la folie de cette opinion, & qui à force d'en parler persuaderoient les autres, & j'ai déja remarqué, que le principal but du Gouvernement dans cette afaire, doit être de changer peu à peu & sans violence l'opinion du vulgaire.

Le second efet de ce prix, c'est qu'il est certain que sur cent Memoires il y en aura au moins dix, où il y aura plufieurs vûës aprofondies & très-fenfées, dont le Confeil d'honeur poura profiter pour fes Reglemens, & il arrivera ainfi que ces Reglemens feront portez en beaucoup moins de tems à une beaucoup plus grande perfection pour détruire en beaucoup moins de tems une opinion, qui deshonore le corps de la Nobleffe par fon extravagance, & qui fait perir ou füir chez nos enemis tant de braves défenfeurs de la patrie.

OBJECTION I.

Il y a parmi les gens de Robe, parmi les Ecclefiaftiques, parmi les gens de Lettres plufieurs excellens efprits, qui pouroient doner de bons Memoires fur la matiere en queftion ; pourquoi doner l'exclufion pour ces prix à ceux, qui ont le plus medité fur les loix & qui écrivent le mieux ?

RÉPONSE.

10. Il eft certain que fi des Ecrivains de profeffion étoient admis à écrire pour ces prix, il y auroit beaucoup moins de Gentilshomes, beaucoup moins de gens de guerre qui ofaffent entreprendre de faire des Memoires, & cependant mon principal but eft en propofant ces prix d'engager le plus grand nombre d'Oficiers qu'il foit poffible à mediter & à écrire fur la matiere, c'eft que pour détruire une opinion extravagante, je ne fai rien de plus à propos, que d'intereffer ceux, qui ont été élevez dans cette opinion à en montrer aux autres toute l'extravagance.

2º. Je croi bien que les gens de Robe & les gens de Lettres pouroient écrire plus favament & plus éloquemment fur le Duel, mais il eſt impoſſible qu'ils voyent d'auſſi près, que les gens de guerre, ni juſqu'où va la force de l'opinion, ni les moyens les plus propres pour la faire ceſſer, les gens de guerre à eſprit égal ont l'experience de plus, ils écriront peut-être moins bien, mais ils penſeront plus juſte & plus profondement dans ce qui regarde leurs afaires.

3º. Qui empêchera l'home de guerre, qui travaillera à un Memoire, de conſulter les gens de Lettres & les gens de Robe les plus habiles? Qui l'empêchera de profiter de leurs lumieres pour rendre ſon Memoire plus parfait?

OBJECTION II.

Si l'on renvoyoit les affaires de Duel au tribunal d'honeur, n'y auroit-il point à craindre, que ces Juges, qui voyent de plus près la force, que la fauſſe opinion ſur le deshoneur a ſur les eſprits, ne fuſſent plus portez à l'indulgence & n'euſſent pas aſſez de ſévérité dans les punitions que des Juges de Robe, qui ne voyent pas ſi-bien la force de cette opinion; or cependant faute de ſévérité dans les punitions ce nouveau tribunal ne viendra jamais à bout de détruire le Duel.

REPONSE.

1º. On ne peut pas atendre moins d'exemples ſeveres de la part du nouveau tribunal, que de la part des Parlemens, puifqu'en cinquante ans, de trente mille coupables de mort, on n'en citera pas cinq, que les Parlemens ayent fait mourir.

2°. Quand le nouveau tribunal aura par l'Edit le pouvoir ou de commuer ou de diminuer la peine portée par les premiers Edits, felon les cas diferens, & de fubftituer les peines infamantes & deshonoran-tes, la prifon, l'exil aux peines capitales, il fera beau-coup plus exact à faire faire les perquifitions des cri-mes & à faire punir les coupables, que n'ont été les Parlemens, qui n'avoient pas pareil pouvoir ; or des peines inevitables, mais moindres, ne font-elles pas beaucoup plus d'impreffion que des peines plus gran-des, que l'on eft prefque certain d'éviter ?

3°. La févérité à ne laiffer aucun coupable impu-ni n'eft pas le feul moyen de détruire le Duel, il y en a encore un autre, c'eft de travailler à détruire peu à peu dans les efprits la fauffe opinion, qui en eft la caufe ; or il ne faut pas atendre des Juges de Robe qu'ils ayent ni l'atention ni le crédit neceffaires pour détruire parmi la Nobleffe militaire cette fauffe opi-nion ; il n'y a, pour ainfi dire, que le corps de la No-bleffe lui-même, qui puiffe peu à peu s'en guérir, & l'atention perpetuelle, que ce tribunal aura à décré-diter tous lés jours la fauffe opinion fur ce qui doit paffer pour poltronerie, fera que la force de cette opinion diminuera tous les jours, & que par confé-quent les Dueliftes devenant plus coupables, & bien moins dignes de pitié par le défaut d'excufe legiti-me, les Juges en deviendront tous les jours plus fé-veres.

4

4o. Les Juges d'épée, qui ont leurs enfans dans
l'épée ont un beaucoup plus grand interêt que les Juges de Robe à mettre en usage tous les moyens possi-
bles pour détruire une coûtume, qui met leurs enfans dans un peril continuel, parce que les Juges de
Robe n'ont pas leurs enfans exposez au même peril,
de sorte que, lorsque les peines seront proportionées
à la nature du crime, ils feront executer les Reglemens beaucoup plus severement, que ne feroient
les gens de Robe, qui ont beaucoup moins d'interêt
à cette severité.

OBJECTION III.

Quand le Conseil d'honeur aura examiné pendant trois ou quatre ans le grand nombre de Memoires, qui lui feront donez sur les moyens de détruire
la fausse opinion, qui est la source du Duel, & qu'en
consequence ce Conseil aura fait tous les Reglemens, qu'il aura jugé necessaires, on n'imagine pas
ce que pouroient inventer de plus ceux, qui feront
invitez à donner après ce tems-là de nouveaux Memoires.

RÉPONSE.

Les Memoires ne se doneront que tant que l'opinion produira des Duels, & persone n'en donera plus,
quand il n'y aura plus nulle part aucun Duel ; mais
il est évident, que tant qu'il y en aura, on poura dire
que les moyens inventez pour les faire cesser entierement ne feront pas sufisans, soit pour détruire l'opi-

C

nion, foit pour faire obferver exactement les Reglemens, & qu'ainfi il y aura toûjours quelque remede
à propofer tant que le mal ne fera pas entierement
guéri.

OBJECTION IV.

L'opinion, *que tout ofenfé, qui au lieu de faire un apel
fe plaint au tribunal militaire, & que tout ofenfeur, qui au
lieu de recevoir l'apel fe raporte de la fatisfaction aux Juges
de la difcipline militaire, merite d'être deshonoré, d'être chaffé
des troupes, & d'être regardé de tout le monde comme un poltron indigne de porter les armes pour la défenfe de la patrie,*
eft une opinion fi enracinée dans l'efprit des gens de
guerre, & fur tout des Oficiers & des Gentilshomes
François, qu'il eft abfolument impoffible de la déraciner de leur efprit ; vous vous donez bien de la
peine en vain, & le Regent a beau fe tourmenter, il
ne fauroit faire dans cette matiere plus que le feu
Roi a fait, il a diminué le nombre des Duels, il les
a rendus cachez, il a bani les feconds, & c'eft tout
ce qui s'y pouvoit faire.

REPONSE.

1º. Le feu Roi n'a pas entierement bani les combats des feconds, il s'en eft fait plufieurs à l'armée,
il s'en fait encore, & il me feroit aifé d'en citer un
de quatre contre quatre fait depuis peu en Flandres.

2º. Le feu Roi lui-même n'a pas crû qu'il fût impoffible de faire quelque chofe de plus qu'il n'avoit
fait pendant cinquante ou foixante ans, puifqu'il a

paru peu de jours avant ſa mort, qu'il vouloit de nouveau examiner & faire examiner le Mémoire imprimé, qui viſoit à trouver des moyens de détruire peu à peu cette opinion ſource des Duels ; pourquoi le Régent ne pouroit-il pas avec ſa grande ſageſſe achever ce que le feuRoi a ſi heureuſement commencé ? & pourquoi regarderions-nous comme abſolument impoſſible, ce qui a été crû très-poſſible par un Prince, qui avoit étudié ſi long-temps la matiere ?

3°. Vous ſupoſez ce qui eſt en queſtion, qu'il eſt abſolument impoſſible de déraciner des eſprits cette opinion ridicule, mais vous ne démontrez pas cette impoſſibilité, & tant qu'elle ne ſera point démontrée, n'eſt-il pas de la ſageſſe du gouvernement de tenter toutes ſortes de voyes convenables pour en venir à bout.

4°. Si cette opinion étoit fondée ſur la vérité, ſi elle étoit avantageuſe ou à quelques particuliers ou à la patrie, ſi elle étoit ſoûtenuë par quelques loix, je conviens qu'établie comme elle eſt parmi nous & parmi nos voiſins, il ſeroit impoſſible de la détruire, mais il eſt évident au contraire qu'elle eſt très-pernicieuſe & aux particuliers & à l'État, & entierement opoſée à la diſcipline militaire ; donc il n'eſt pas abſolument impoſſible de la détruire & d'établir l'opinion contraire, *que c'eſt un très-grand deshoneur & une très-grande infamie pour un Gentilhome & pour un Oficier, aprè avoir fait un ſerment d'honeur, de ne faire & de ne recevoir jamais aucun apel, lorſqu'il viole lâchement ſon ſerment, & qn'il contrevient à une loi, que la Nobleſſe elle-*

C ij

*même en corps a fait gloire de foliciter, loi très-importante pour
le falut de la patrie.*

Donc il eft à propos de tenter les moyens les plus
convenables, qui feront propofez pour détruire l'une
& pour établir l'autre ; or afin que ce ne foient pas des
tentatives paffageres & inutiles, que peut on faire de
mieux, que de former pour cela un établiffement
permanent?

OBJECTION V.

Peut-être que le Régent par cet établiffement
pouroit venir à bout de déraciner cette opinion parmi nous, fi les autres Nations faifoient chez elles de
pareils établiffemens & de pareils Reglemens, mais
qui peut efperer qu'elles prenent une femblable réfo-
lution ? Or cependant il eft vifible que tant que nos
voifins feront infectez de cette opinion elle fubfifte-
ra parmi nous : les opinions fauffes ne font que trop
contagieufes, ainfi la contagion rétablira ce que cet
établiffement poura détruire.

RE'PONSE.

Je ne difconviens pas qu'il n'y ait dans les efprits
humains une grande difpofition à prendre certaines
erreurs par contagion comme il y en a dans les corps
humains pour prendre certaines maladies les uns des
autres ; mais outre que certains peuples à force de pré-
cautions favent fe garantir des maladies contagieufes, pourquoi feroit-il impoffible, que les Anglois,
les Holandois, les Danois, les Suedois, les Polonois,

les Allemans, les Italiens, les Espagnols, les Portu-
gais voyant d'un côté les grands malheurs, que leur
cause cette pernicieuse opinion, & voyant de l'autre
des établissemens & des Reglemens si propres à la
détruire entierement, imitassent le Régent ? Pourquoi ce Prince, tant pour l'avantage commun des
Nations Crétienes, que pour l'avantage particulier
de la Nation Françoise, ne soliciteroit-il pas lui-même les Souverains voisins à chasser entierement cette
malheureuse opinion de l'Europe? Et qu'y a-t-il qui
siée mieux à un grand Prince, à un Prince bien-fai-
sant, que de chercher l'utilité de son peuple dans l'utilité des peuples voisins?

OBJECTION VI.

Les Gouverneurs & les Lieutenans de Roi dans les
Provinces feront peut-être des obstacles aux Lieutenans des Maréchaux de France pour les informations
sur les Duels entre Gentilshomes.

REPONSE.

Là connoissance du Duel étant renvoyée au Conseil d'honeur, & les Lieutenans des Maréchaux étant
une fois subordonez à ce Conseil, pourquoi les Lieutenans de Roi feroient-ils aucuns obstacles aux Lieutenans de ce Conseil? Le Duel est une nouvelle afaire, dont le Roi peut doner la conoissance, à qui il
lui plaît ; or s'il ne la done ni aux Gouverneurs
de Provinces ni aux Lieutenans de Roi des Pro-

vinces , pourquoi s'en mêleroient - ils ?

OBJECTION VII.

Quand il s'agit de la vie d'un Citoyen, c'eſt toûjours au Parlement à en conoître.

RE'PONSE.

1º. Un Soldat, un Oficier, ne font-ce pas des Citoyens? cependant quand ils ſont acuſez d'avoir violé les loix de la diſcipline militaire dans un cas, qui demande punition de mort, les Parlemens s'en mêlent-ils? Or le Duel entre Oficiers, n'eſt-ce pas un cas , qui regarde la diſcipline militaire? ainſi n'eſt-ce pas à un tribunal militaire à en juger? D'un autre côté ſeroit-il raiſonable de donner aux Gentilshomes acuſez de Duel dans les Provinces un autre tribunal pour juger leurs Duels , que le tribunal, qui conoîtra du Duel des Oficiers, & la plûpart de ces Gentilshomes n'ont-ils pas été Oficiers?

2º. J'ai montré que tant que la loi, qui ordone, que l'Oficier inſulté, qui ne fait pas d'apel, ſera chaſſé de ſon Regiment comme un poltron, ſubſiſtera, il ſeroit très-cruel de le condaner à la mort pour avoir obéï à cette loi, il ne s'agira donc point de mort pour le Duel tant que l'opinion ſubſiſtera ; or quand elle ne ſubſiſtera plus, quand tous les ofenſez ſeront acoûtumez à porter leurs plaintes au Conſeil d'honeur , au tribunal militaire , il n'y aura plus de Duel.

OBJECTION VIII.

D'un côté les Maréchaux de France ne voudront pas avoir pour égaux en fufrages des Lieutenans Généraux, des Brigadiers, & de l'autre les Parlemens n'aimeront pas qu'on les dépoüille.

RE'PONSE.

1°. Dans les Confeils de Guerre le Colonel, le Brigadier n'a-t-il pas fufrage égal aux Maréchaux de France ?

2°. En créant le Confeil d'honeur pour le Duel, on n'ôte rien au tribunal des Maréchaux de France, & on lui done une atribution, qu'il n'avoit pas.

3°. Si la Cour ne prend que deux Maréchaux de France pour préfider à ce Confeil, pouroient-ils regarder cet exemploi comme au-deffous d'eux ? Le Maréchal de France, qui préfide au Confeil de Guerre, s'en trouve-t-il deshonoré ?

4°. J'ai montré la répugnance invincible que les Parlemens avoient à faire mourir de braves & illuftres Oficiers pour n'avoir pû fe réfoudre à fe voir deshonorez comme des poltrons; or les Parlemens ne pouvant remedier à un grand mal, pouroient-ils, s'ils font bons Citoyens, trouver mauvais, que le corps de la Nobleffe militaire fe mêlât d'y aporter remede? Et s'ils ne font pas bons Citoyens, doit-on les écouter?

Ce qui eft de certain, c'eft que le mal eft grand, qu'on ne le guérira jamais par des punitions capitales, & qu'à cause de *l'excusé legitime* des coupables, ces punitions paroîtront toûjours cruelles & aux témoins & aux Juges mêmes; il faut donc commencer à ôter *cette excusé legitime*, en détruisant peu à peu la fausse opinion, qui en est le fondement; or peut-on esperer que cette opinion se détruira d'elle-même? je soûtiens donc qu'il n'y a rien de si sage que d'établir un Conseil pour aviser aux remedes, que l'on peut tenter; imposez à ce Conseil le nom que vous voudrez; composez-le de qui vous voudrez; donez-lui telle autorité que vous voudrez, mais enfin il est de la derniere évidence que ce Conseil est absolument necessaire, si l'on veut tenter de guérir le mal.

CONCLUSION.

On peut dire en général, que les homes se guérissent rarement de leurs faux préjugez & de leurs erreurs par la force & par la violence, ce moyen n'a pas de proportion avec la persuasion, mais ils s'en guérissent les uns par l'exemple de leurs camarades, les autres par l'oposition, qu'ils remarquent entre ces préjugez & des veritez constantes, ceux-ci par l'estime qu'ils ont pour des persones sages, qui ont dés opinions contraires, ceux-là par leurs propres réflexions, quelques autres par l'évidence des raisons, qu'on leur aporte, presque tous par les marques de mépris & d'ignominie, que l'on atache à ceux qui ont ces préjugez, & par les ridicules, qu'on leur done.

Or

Or comme il s'agit ici d'un faux préjugé affez répandu dans le vulgaire de la Nobleffe militaire, rien n'eft de plus fage que de charger le feul ordre de la Nobleffe, & fur tout les plus braves & les plus fenfez d'entre eux, d'inventer, d'examiner & de mettre en œuvre les moyens les plus convenables & les plus proportionez à la maladie & aux mœurs de la Nation pour guérir peu à peu le vulgaire de leur ordre d'un préjugé aux faux, auffi éloigné du bon fens, auffi contraire aux premieres regles de la difcipline militaire, auffi opofé aux premiers fondemens de toute efpece de focieté, même militaire, auffi contraire aux Loix Ecclefiaftiques, & aux maximes fondamentales du Chriftianifme, auffi capable de caufer les plus grandes afflictions aux familles nobles & illuftres, auffi plein de mépris pour l'autorité du Roy, & auffi pernicieux pour le Royaume.

Cette opinion gotique a durée en France onze ou douze cens ans, elle y a plus duré que le goût gotique, & quels ravages n'y a-t-elle pas caufez? nous nous fommes peu à peu défaits des épreuves extravagantes par le feu & par l'eau, & des combats en champ clos, nous fommes parvenus à fentir le ridicule de ces mœurs barbares & groffieres, & c'eft ce qui me fait efperer que nous nous déferons enfin de ce malheureux refte de barbarie dans un fiécle, où l'on a plus de bon efprit & de difcernement, ainfi je croi qu'il eft très-poffible, que nous voyons en peu d'anées ces malheurs entierement

D

ceſſez, tel a été le but de mon travail, tel eſt le but de nôtre ſage gouvernement, & tel ſera ſûrement l'efet de l'établiſſement du Conſeil d'honeur, & c'eſt ce que je m'étois propoſé de démontrer.

Septembre 1717.

www.ingramcontent.com/pod-product-compliance
Lightning Source LLC
Chambersburg PA
CBHW060515200326
41520CB00017B/5046